Solos los *Hechos!*

Arlene R. Taylor, PhD
con Steve Horton, MPH

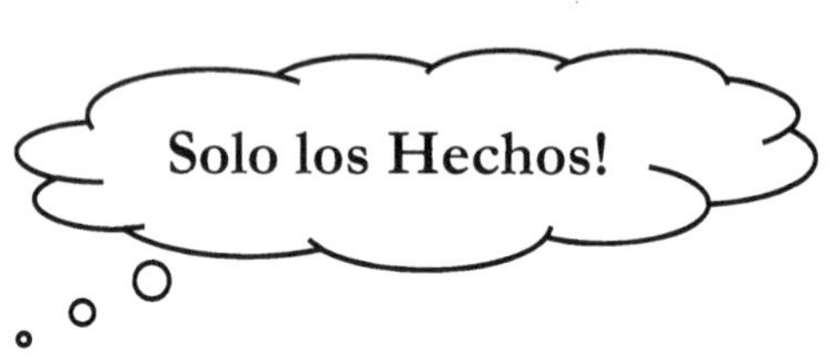
Solo los Hechos!

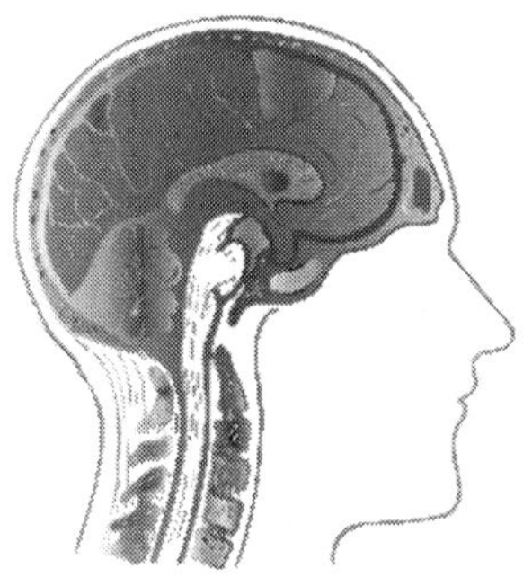

Solos los *Hechos!*

Arlene R. Taylor, PhD
con Steve Horton, MPH

Success Resources International, Napa, CA

Estilo de Vida Longevidad Importa—Solo los Hechos

Incluye los catorce componentes investigados presentados en el programa Longevity Lifestyle Matters, resumidos en el libro *Estilo de Vida Longevidad Importa*, y resaltados en el sitio web (www.longevitylifestylematters.com). Referir a estos recursos para obtener información adicional o para una actualización.

Dirigir las solicitudes de información a:
www.ArleneTaylor.org
310 Crawford Way #10187
American Canyon, CA
94503-1112 USA

ISBN # 978-1-887307-44-4

Traducción por Lorraine Luis - 2019
Imagen de portada por Lawrence Smith
www.bylastingimpressions.com
Diseño de la cubierta: David. O. Eastman
Impreso en los Estados Unidos de América

Dedicación

Este libro está dedicado a todos los que pidieron ***Solo los Hechos*** como un recordatorio rápido de los puntos clave para ayudarlos a mantener su Estilo de Vida Longevidad en el buen camino— ¡porque importa! El objetivo, por supuesto, es mantenerse saludable y joven por más tiempo.

Reconocimiento

Nadie es una isla. Ninguno escribe un libro solo. Muchas personas merecen un sincero "gracias" por sus ideas, ánimo y entusiasmo, ¡todo lo cual agregó una gran dosis de diversión al proceso!

Aquí hay algunos:

- Steve Horton por la lluvia de ideas
- Michelle Nash por la edición de copia
- Lorraine Luis por la traducción al español
- Brenda Balding por la sugerencias de redacción.
- Daniel Mendez por la asistencia de internet.

Recordatorio del Editor

Solo los Hechos se proporciona para la educación general y solo con fines informativos y no presenta un tratamiento en profundidad de resultados de investigación específicos o temas. La información no está intencionada a tomar el lugar de asesoramiento professional, atención médica o cuidado psicologico, Terapia de recuperación, o recomendaciones personalizadas de profesionales de la salud. Dado que cada cerebro es diferente, no hay garantías de resultados individuales.

Asegúrese de consultar a su médico u otros profesionales de la salud antes de hacer cambios en el estilo de vida o implementar nuevas estrategias de ejercicio. El editor, autores, colaboradores, revisores, editores, facilitadores certificados, o voluntarios expresamente renunciant toda responsabilidad y cualquier obligación lo que sea (directo o indirecto) para resultados o efectos adversos (actual o percibido), de uso, mal uso, o aplicación inapropiado de los conceptos presentados aquí.

Si encuentra errores o errores tipográficos, tenga en cuenta que sirven para un propósito. Cometer errores es parte y parcela de ser humano—y algunos cerebros realmente disfrutan buscando errores.

Tabla de Contenido

"Si sigue haciendo lo que está haciendo, seguirás recibiendo lo que estás recibiendo….

—George E. Guthrie, MD, MPH

Introducción

¿Cómo en la "salud" estás?

¿Y por qué este pequeño libro?

Por un par de razones.

Muchos de los que han leído los libros de *Estilo de Vida Longevidad Importa (LLM)* o que han asistido al programa de 12 semanas basado en el cerebro LLM han pedido "Solo los Hechos" para llevar con ellos—como recordatorio de la clave—componentes del estilo de vida de longevidad que han creado y están eligiendo seguir por el resto de su vida.

¿Cuál fue el ímpetu para los libros de LLM y el programa de LLM?

Muchas de estas mismas personas han solicitado *Solo los Hechos* como una herramienta para compartir con otros con la esperanza de que ellos también se sientan motivados a cuidar mejor el cerebro y el cuerpo arrendado para su uso en este planeta. Quieren (como lo expresó una persona) "que sigan estando presentes para que podamos crecer juntos." Algunos pueden decidir profundizar en cómo mantenerse mas saludable y más joven por más tiempo; otros no pueden. Sin embargo, cuando el cerebro está expuesto a una nueva idea, nunca vuelve a sus dimensiones originales— así que si pueden hacer incluso algunos pequeños cambios, cada mejora positiva—por pequeño que sea—puede ser importante en el esquema de cosas que se conoce como tu *vida*.

Los investigadores estiman que esta generación puede ser la primera en vivir vidas más cortas que sus padres, principalmente debido a las opciones de estilo de vida. La evidencia de esto se ve en las epidemias y pandemias que se están rabiando en este planeta, incluyendo:

- Enfermedad del Corazón y Derrame Cerebral
- Más de 200 tipos de cáncer.
- Diabetes y Enfermedades Pulmonares
- Desórden de Ansiedad Incluyendo Depresión
- Sobrepeso y Obesidad
- Alzheimer y Otras Demencias.

Enfermedades Infecciosas y Transmisibles Ningún padre (ningún amigo o conocido ... realmente quiere experimentar la muerte prematura de un ser querido, especialmente si ese ser querido es un niño. Las formas en que muchas personas viven, ¿quizás incluso usted?

—es demostrando que no tienen éxito para ayudarles a mantenerse "más saludables y jóvenes por más tiempo". Esto a menudo incluye comer alimentos de baja calidad, hacer dieta con demasiada frecuencia o merendar constantemente, sentarse mucho, deshidratarse, perder el sueño, etc.

Para algunos, esto puede requerir sacar la cabeza de la arena porque el cerebro alberga muchas percepciones sobre la salud, el estilo de vida, la longevidad y el bienestar—que a menudo se absorben antes de los cinco años. Creencias y hábitos generacionales profundamente arraigados sobre el bienestar. Mientras que esto puede ser un desafío para alterar, *no* es una tarea imposible. Afortunadamente, la investigación está demostrando estrategias realizables para ayudar a reducir el riesgo de enfermedades y una vida más corta. *LLM* abraza el poder exponencial de la ciencia trabajando con el cerebro y el cuerpo, compartiendo conclusiones investigadas en un formato fácil de entender.

LLM está diseñado para ayudar a las personas a realizar cambios graduales y permanentes en su estilo de vida para prevenir lo que se puede prevenir, reducir el riesgo de lo que no se puede prevenir y administrar de manera más efectiva lo que no fue— o no se pudo— prevenir.

Se han identificado catorce estrategias de prevención para ayudar a desarrollar un estilo de vida que lo ayude a mantenerse "más saludable y joven" por más tiempo. A veces, estas estrategias pueden incluso ayudar a revertir los déficits que se produjeron debido a malas elecciones. Cada estrategia se enlaza de vuelta con el cerebro porque *todo* comienza en el cerebro. Y cada capítulo resalta una de esas estrategias de prevención, dividiendo la información de "hechos" de tamaño de un bocado.

Se incluye una extensa bibliografía en el libro *Estilo de Vida Longevidad Importa* y en el *LLM Libro Acompañante de Notas*, para aquellos que desean profundizar más en los hechos. En el libro de *LLM*, los hechos se presentan en forma de historias sobre personas reales y cómo aprendieron a mantenerse más saludables y jóvenes por más tiempo, a veces incluso restaurando algunos déficits. Un audiolibro también está disponible.

Un gran cartel, colocado en la pared del Departamento de Emergencias de un hospital, dice:

> *Aquellos que están demasiado ocupados para cuidar su salud son como mecánicos que están demasiado ocupados para cuidar sus "herramientas".*

¿Cuáles *son* tus herramientas? Tu cerebro y tu cuerpo! Necesita un cuerpo sano para llevar tu cerebro alrededor y un cerebro sano que funcione bien para que valga la pena hacerlo. Tú y tu cerebro *pueden* juntar las piezas del rompecabezas. La sabiduría colectiva actual resalta la importancia de tomar la responsabilidad personal por usted y por el uso de sus *herramientas* (es decir, proactivo, pensativo y y mantenimiento preventivo) de forma diaria y de forma continua.

Tu cerebro y tu sistema inmune trabajan mano a mano para mantenerte bien y, si te enfermas, ayudarte a sanar. Juntos, el cerebro y el cuerpo constituyen el sistema de curación más sorprendente del Planeta Tierra—tal vez en el Universo conocido. En 1948, la Organización Mundial de la Salud definió la salud como un estado de completo bienestar físico, mental y social, y no simplemente la ausencia de enfermedad. Otros han descrito la salud genuina como la velocidad más lenta posible a la que puede morir, mientras mantenga los niveles más altos posibles de mental, emocional, física, social-relacional y salud espiritual (el espíritu con el que vive la vida).

El objetivo es elevar el nivel de su estado de bienestar y mantenerlo lo más alto posible durante el tiempo que viva. Abrazando estrategias de estilo de vida de longevidad como parte de tus elecciones diarias y continuas pueden hacer una diferencia positiva en su

vida. También, en las vidas de aquellos a quienes amas y te importan y en las vidas de aquellos quien te aman y les importas.
Para muchos, comenzar *ahora* no es un minuto demasiado pronto. Es hora de que se agriete—de una manera de hablar.

¡Importa!

El Hecho Es...

Naturaleza más Nutrición = Tú

La naturaleza involucra la genética

La genética representa las "cosas" que usted hereda de sus padres biológicos y es responsable por alrededor del 30 por ciento de lo que usted es. Incluye tus cromosomas y genes.

Los cromosomas son hebras de una sola espiral de ácido desoxirribonucleico [ADN], ácidos nucleicos [ARN] y proteínas, hechas de aminoácidos. Un Premio Nobel de 1962 fue otorgado por el descubrimiento de la elegante estructura molecular del AND, conocido como el doble hélice.

Las estimaciones indican que el 99 por ciento de su ADN se encuentra en sus cromosomas. El uno por ciento restante se encuentra en las mitocondrias, pequeñas fábricas de energía dentro de las células que tienen un núcleo claramente definido. Las mitocondrias crean trifosfato de adenosina [ATP], la fuente de energía necesaria para impulsar casi toda la actividad celular.

Los genes son pequeños fragmentos de ADN que contienen "planos" (planos arquitectonicos) para crear bloques de construcción tridimensionales a partir de proteínas. Aproximadamente 25,000 genes, contenidos en tus cromosomas, determina sus rasgos heredados, como la construcción del cuerpo y la altura, masculino o femenino, color de piel-ojo-cabello, y así.

Las estimaciones son que durante el primer trimestre, más del 95 por ciento de los embriones se forman correctamente, basado en los planos genéticos. Aquellos que no se forman correctamente pueden exhibir un defecto de nacimiento. Al final de las primeras 12 semanas, la construcción inicial de los órganos del cuerpo está en su lugar. Estos incluyen el cerebro, el corazón, los pulmones, el sistema digestive, hígado, riñones, el sistema circulatorio (con sus arterias, venas y capilares) y el sistema inmunológico junto con sus vasos inmunitarios y ganglios linfáticos. El cerebro, sin embargo, continúa desarrollándose durante todo el embarazo con las neuronas creadas a una velocidad de 250,000 por minuto. Más de la mitad de toda la energía metabólica fetal está dedicada al crecimiento del cerebro. El Sistema Nervioso Central—cerebro y médula espinal—continuará desarrollándose y madurando durante años después del nacimiento del feto.

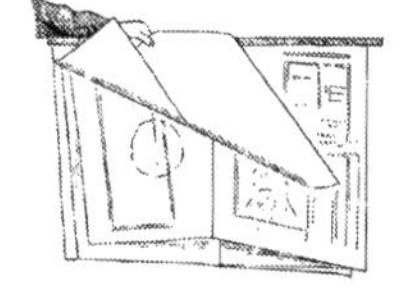

A recapitular: la naturaleza involucra la *genética,* tu *genoma*—los genes y cromosomas heredados de los padres biológicos. Los genes contienen "planos" para los bloques de construcción tridimensionales de la vida, creado a partir de proteínas, incluyendo los necesarios para la reparación de estructuras celulares y aquellos para la replicación de células. Muchos factores, sin embargo, influencia cómo se "leen" los planos se "leen" e interpretan e implementan.

***Nutrir* implica epigenética**

En la palabra *epigenética*, "epi" significa "sobre". *Sobre de la genética.* Representa aproximadamente el 70 por ciento de su nivel de bienestar y duración de la vida. Piense en la epigenética como todo lo que no es genética: la suma total de sus ambiente internos y externos, comenzando con la concepción y continuando con una gestación tranquila o estresante, junto con una experiencia de parto placentera o traumática, el recuerdo de lo que probablemente está alojado en su memoria subconsciente.

Las exploraciones uterinas han identificado cuatro emociones centrales que se pueden ver en la cara del feto: reflejando lo que la madre está experimentando emocionalmente: alegría, ira, miedo o tristeza. Se cree que el feto es capaz de sentir sus emociones, junto con si se quiere o no y si es el género quc preferirán el padre (s).

Si ambos padres biológicos están presentes y son un equipo de apoyo, esto impactará positivamente el bienestar emocional de la madre. Si los padres no están contentos con el embarazo o si el padre abandona física o emocionalmente a la madre biológica, el feto sentirá la angustia de la madre. Si los sistemas familiares maternos y paternos están entusiasmados con el embarazo y están esperando recibir al recién nacido con los brazos abiertos—o no—de cualquier manera, el feto lo sentirá. Aprende sobre la seguridad potencial o el peligro en el ambient externo a partir de esta información epigenética.

Cuando la madre percibe algo tan estresante, la respuesta al estrés se desencadena automáticamente y sustancias como la adrenalina y el cortisol inundan su cuerpo. El feto también recibe esa información. Si la respuesta al estrés se dispara frecuentemente el feto puede volverse hipersensible y reactivo a cualquier tipo de evento o situación que su cerebro perciba como estresante. Este patrón puede continuar después del nacimiento, dando como resultado una tendencia a *reaccionar exageradamenteen* a situaciones estresantes. (Nota: una vez que se activa la respuesta al estrés, el cuerpo puede tardar hasta 72 horas en volver a un estado de "homeostasis" o equilibrio.)

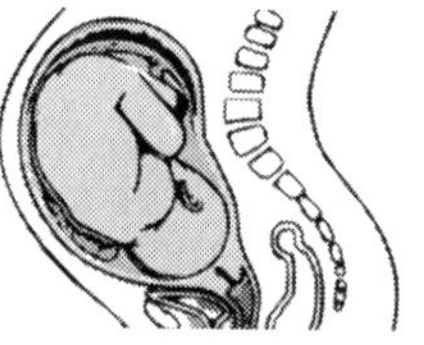

La epigenética tiene un impacto definido en el proceso de gestación— y puede patear antes de lo que se creía anteriormente. Y no es solo el estrés materno lo que puede impactar al feto en Desarrollo. Los estudios del Dr. Bale con ratones en la Escuela de Medicina de la Universidad de Maryland, han demostrado que el estrés puede alterar el esperma del padre, que luego puede alterar el desarrollo cerebral del niño.

Metafóricamente, imagine 100,000 pequeños interruptores en la superficie de la membrana cellular que retransmiten señales (información) del ambiente a los componentes dentro de la célula. Así es como la epigenética impacta en cómo se "leen" e interpretan los planos genéticos y cómo se ensamblan los bloques de construcción de la vida.

La epigenética también puede ayudar a explicar la "rabia" que exhiben algunos niños abandonados, fomenta, sustitutos o adoptados. Su nuevo ambiente puede ser muy diferente del sano o insalubre—aunque familiar—ambiente se acostumbró durante la gestación: olores, gustos, sonidos, tacto, música y, a veces, idioma, raza, cultura, o incluso ubicación en el Planeta Tierra. Esto puede ser estresante, inquietante y espantoso—si no es "alucinante"—para el niño.

Pero espera un minuto. Hay un componente más de la epigenética: sus *percepciones*, que evolucionan desde su mentalidad—fijo o crecimiento, no puede o puede. Las percepciones incluyen aquello de lo que te das cuenta a través de tus sentidos, pensamientos conscientes sobre lo que ha sucedido y está sucediendo en la vida, junto con las creencias, respuestas, reacciones, emociones y sentimientos. Las percepciones comienzan a formarse durante la concepción y continúan durante toda la vida. En la edad adulta usted puede revisar sus percepciones: analizarlos, mantener algunos, tirar algunos, modificar algunos, y crear nuevos.

A recapitular: la crianza implica *epigenética* (su *epigenoma*), responsable de aproximadamente el 70 por ciento de lo que eres y lo suficientemente poderoso como para alterar incluso la genética. La epigenética es todo lo que no es genética, como su mentalidad, de donde se forman sus percepciones. Incluye lo que le sucede a usted, las decisiones que toma, los hábitos que desarrolla, los comportamientos que exhibes, los factores estresantes a los que estás expuesto, y cómo responde, su trabajo o carrera, y sus relaciones, tanto personales como profesionales. La epigenética incluye su estilo de vida: lo que come y bebes, a dónde vas, lo que hace, con quien sales, lo que escuchas, lo que lees, lo que ves, los deportes que practicas y la música que te gusta, por nombrar algunos.

La investigación sobre genética y epigenética está creciendo a pasos agigantados y lo que se está descubriendo es hacer que las fantasías espaciales se vean más bien elementales.

Una creencia común durante generaciones fue que el cerebro de un recién nacido llegó como relativamente una pizarra en blanco. La sabiduría actual lo ha puesto del revés. ¡Ahora se cree que el cerebro del recién nacido está mucho más desarrollado, consciente y perceptivo de lo que nadie haya imaginado! Este pequeño cerebro puede recordar voces, canciones e historias que escuchó durante la gestación; entender una gran cantidad de idiomas hablado, comunicarse fácilmente a través del lenguaje de señas mucho antes de que se produzca el habla; y aprender dos o tres idiomas diferentes simultáneamente.

Quienes son como individuos únicos implican complejas interacciones entre el cerebro y la médula espinal, tu genoma y epigenoma, tu microbioma y viroma (bacterias y virus—buenos y malos, que viven dentro de ti). Además, la memoria celular de comportamientos de tres o cuatro generaciones de ancestros biológicos. Lo que significa, como William Faulkner lo puso, el pasado nunca está muerto. ¡Ni siquiera es pasado! Lo llevas dentro de ti.

Este cuerpo relativamente nuevo de conocimiento sobre biología puede ayudar a explicar cómo las enfermedades y conductas específicas ocurren con más frecuencia en algunos sistemas familiars: cáncer o enfermedad cardíaca, diabetes o derrames cerebrales, problemas pulmonares o insuficiencia hepatica, y comportamientos adictivas. Y está aclarando lo que puede y no puede cambiar en esta compleja ecuación de la naturaleza y la nutrir. La buena noticia es que el estilo de vida puede tener un impacto mucho mayor en la salud y la longevidad de lo que se creía possible.

En resumen: Llegaste al Planeta Tierra con una herencia genética biológica: su *genoma*, responsable de aproximadamente el 30 por ciento de su nivel de bienestar y su vida útil potencial. No hiciste un pedido de cromosomas y genes, ¡pero son *tuyos!* Experimentaste ambientes internos y externos durante la gestación, infancia,, y edad adulta: su *epigenoma* que impacta al menos el 70 por ciento de *que tan bien* y *cuanto tiempo* vives. No elegiste todo—pero son tuyos

Cada persona desarrolla una mentalidad que el Dr. Dweck define como "fijo" o "crecimiento". Sus percepciones provienen de su forma de pensar e impactan cómo *percibe* e *interpreta* la vida. La epigenética representa el 70 por ciento de quién eres, abarcando todo lo que no sea genética: su mentalidad, creencias, pensamientos conscientes, respuestas, emociones, comportamientos, elecciones y sus percepciones. En la edad adulta, puedes alterar tu forma de pensar y tus percepciones. Sus opciones de estilo de vida tienen un impacto negativo o positivo en la epigenética. A su vez, las señales epigenéticas que crean impactan en cómo se leen e interpretan los planos genéticos, y cómo se forman los bloques de construcción. Aunque no puede cambiar el pasado, puede crear un futuro más saludable, lo que hace muy buenas noticias! ¿Cómo puedes hacer esto?

Aprende lo que puedas sobre tu herencia genética, ya que las estrategias pueden estar disponibles para reducir el riesgo de algunas males/enfermedades. *Identifique* su mentalidad y percepciones personales y corrija el curso según sea necesario. *Crea* un estilo de vida de longevidad y evita lo que se puede prevenir. *Manejar* más efectivamente lo que no fue o no pudo ser prevenido. *Elija* sabiamente, tomando decisiones basadas en evaluaciones informadas.

Debido a esta comprensión actualizada de la biología, la información en *Solo los Hechos* está diseñada para ayudarlo a manejar la epigenética de manera más efectiva. Se resaltan catorce componentes epigenéticos sobre los que tiene al menos parcial—si no esta completo—control. Son:

Mentalidad
Diálogo Interno
EQ
Ejercicio Físico
Estimulación Cerebral
Sueño Optimo
Hidratación Esencial
Seguridad
Luz Solar
Nutrición
Risa
Sistema de Apoyo
Manejo del Estresor
Satisfacción de Vida

¿Quieres estar más saludable y más joven por más tiempo?

Inscribirse, *cavar* y ponte en marcha.

¡Importa!

1—Mentalidad

Hecho. ¡Todo comienza en tu cerebro! Tus pensamientos crean tu mentalidad—la lente a través de la cual se identifica, percibe, responde y actúa sobre lo que sucede dentro y fuera de usted. Un mapa para que tu cerebro siga. Las experiencias de vida pueden influir en el tipo de mentalidad que desarrollas, pero nadie puede crearla por ti—eso depende de ti. Las elecciones que haces automáticamente (o por consideración consciente) están influenciadas por su mentalidad. La Dra. Carol Dweck habla sobre dos tipos generales: una mentalidad *fija*—"Soy lo que soy, y hay poco o nada que puedo hacer al respecto", y una mentalidad de *crecimiento*—"Mi cerebro puede aprender y mejorar y mi trabajo es hacer que eso suceda—¡Estoy en ello!

Hecho. Henry Ford lo logró: "Si crees que puedes o si crees que no puedes, tienes razón". Solo una idea puede ocupar la memoria de trabajo del cerebro a la vez. Los pensamientos negativos provocan el recuerdo de recuerdos negativos. Los pensamientos positivos inundan la memoria operativa con positividad, lo que desencadena el recuerdo de recuerdos positivos. O *tú* eliges controlar tu mentalidad o los factores externos *lo haran*—y tu mentalidad hace toda la diferencia.

Hecho. La negatividad rara vez (si acaso) resuelve algo. Puede crear aún más problemas, desencadenando la respuesta de estrés. Una vez que se ha activado una respuesta al estrés, puede tomar 72 horas para que el cuerpo regrese a un estado de homeostasis (equilibrio)—*si* implementó estrategias efectivas de manejo del estrés, es decir. La mala noticia es que la duración de la respuesta al estrés se puede extender al reflexionar sobre aspectos indeseables de una situación, especialmente si elige con frecuencia las actuaciones ganadoras de Broadway, repitiendo su descontento con cualquiera que lo escuche. Sin embargo, si piense en algo por lo cual estar agradecido, ese será el enfoque de la memoria de trabajo de su cerebro. Los estudios han demostrado que el miedo y el agradecimiento no pueden coexistir simultáneamente en el cerebro. En otras palabras, la gratitud triunfa sobre el miedo.

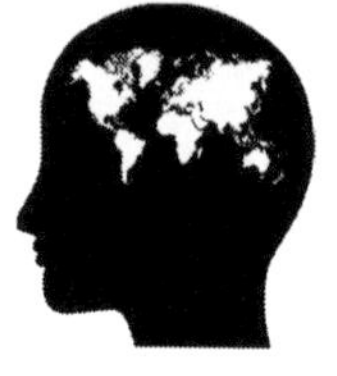

Hecho. La mentalidad altera su neuroquímica que, en turno, impacta su sistema inmunológico. La mentalidad también influye en todo, desde la felicidad y el bienestar hasta el éxito y la longevidad. Aunque la mentalidad ocurre internamente, lo que ocurre fuera de tu cerebro y cuerpo tiende a reflejar lo que está sucediendo en tu interior. En otras palabras, tu mentalidad tiene una forma de atraer a si mismo lo que está en armonía con eso—negativo o positivo. Se ha dicho que aquellos que son verdaderamente exitosos pueden pasar de error en error (como lo hacen todos los humanos) sin pérdida de entusiasmo. Eres la única persona que puede cambiar tu mentalidad— y a veces solo hacer eso puede hacer toda la diferencia en el mundo— incluso acortando o alargando tu vida. En el proceso, si elige una mentalidad de crecimiento, su tasa de cometer errores puede disminuir incluso a medida que aumenta su tasa de éxito.

Hecho. Se estima que al menos la mitad de los problemas que los humanos experimentan son de su propia creación— basado en la forma en que *piensan.* Esa es la mentalidad. Si tienes un puesto de avanzada enemigo de negatividad dentro de tu cerebro, descárgalo. Se dice que el estrés negativo no administrado es el precursor de *todas* las enfermedades que amenazan la vida. *No se puede, no haga, no lo hará, no pude, y / o no debería*, patrones de pensamiento son mortales para el éxito. La negatividad afecta adversamente todas tus relaciones. También paraliza una vida larga, feliz, saludable y productiva. Aprenda a reconocer los pensamientos negativos y sin poder y reemplácelos con pensamientos positivos de poder hacer.

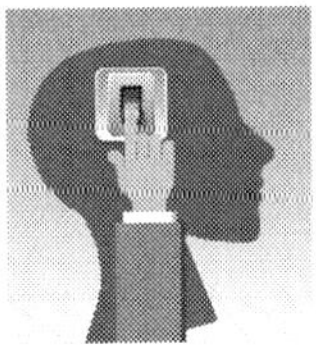

Hecho. Tu mentalidad genera tu diálogo interno….. lo que impacta las emociones que surgen…. lo que afecta tus elecciones…. que impulsa tus comportamientos.... que influye en el curso de su vida en todos los sentidos imaginables. Eres la única persona que puede accionar el interruptor de una mentalidad *fija* a una mentalidad de *crecimiento* para usted, creando una cascada indeseable o deseable. Permanecer saludable y joven por más tiempo *es* posible y todo comienza en tu cerebro. La Mentalidad *Importa*!

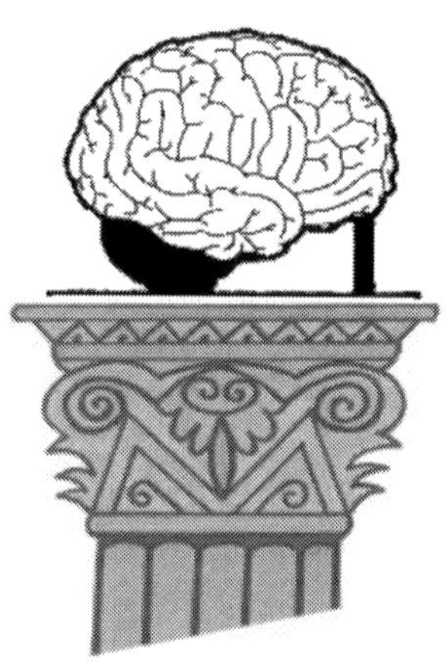

2—Diálogo Interno

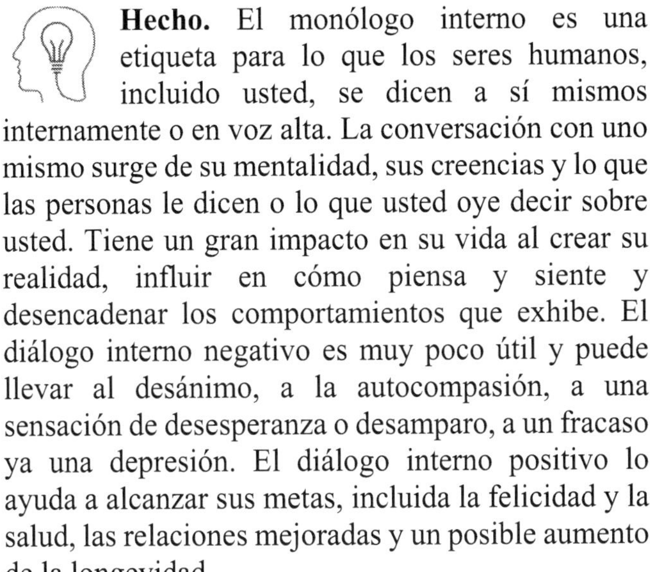

Hecho. El monólogo interno es una etiqueta para lo que los seres humanos, incluido usted, se dicen a sí mismos internamente o en voz alta. La conversación con uno mismo surge de su mentalidad, sus creencias y lo que las personas le dicen o lo que usted oye decir sobre usted. Tiene un gran impacto en su vida al crear su realidad, influir en cómo piensa y siente y desencadenar los comportamientos que exhibe. El diálogo interno negativo es muy poco útil y puede llevar al desánimo, a la autocompasión, a una sensación de desesperanza o desamparo, a un fracaso ya una depresión. El diálogo interno positivo lo ayuda a alcanzar sus metas, incluida la felicidad y la salud, las relaciones mejoradas y un posible aumento de la longevidad.

Hecho. Su cerebro solo puede hacer lo que cree que puede hacer—y su trabajo es decirle lo que puede hacer. Su subconsciente escucha y cree *lo* que dices y *sobre* ti mismo.
No usa el lenguaje per se, pero tiende a ver y seguir las imágenes que crea su monólogo interno. Cree que *si* usted lo dijo y *si* se lo imaginó, debes quererlo. Por lo tanto, crea una imagen mental en la memoria de trabajo de lo que cree que tú quiere que suceda. Evite usar palabras como no *poder* y no *hacer* y no lo *hará*, ya que crean imágenes negativas. Cambie al estilo de

auto conversación interno que use palabra positive, en presente, para comunicarse con su cerebro. Dale a tu cerebro instrucciones *positivas* par a lograr resultados positivos. Si no te gusta lo que está sucediendo, cambia tu diálogo interno. La positividad es de importancia crítica

Hecho. El diálogo interno positivo, que es menos estresante y más efectivo, también reduce la ansiedad y requiere menos actividad eléctrica. Deja de decirte lo que no quieres que suceda y habla solo sobre lo que sí quieres que suceda—como si ya estuviera hecho. Aprender patrones positivos de diálogo interior que utilizan, frases y oraciones *cortas y positivos* en el *tiempo presente*. Habla a tu cerebro como una entidad separada—porque es bastante. Usa tu nombre y el pronombre *usted: "Jack (o Jill), tu solo dale instrucciones positivas* a tu cerebro."

Hecho. Metafóricamente, el cerebro tiende a poner el hombro a la rueda, basado en lo que está sucediendo en el momento presente. Cuando dice: "Voy a" o "A partir de la semana que viene" o "Tal vez después de las fiestas", la neocorteza del cerebro registra el tiempo futuro y hace poco— si algo—para ayudarte. Imagina que está pensando: *eso es entonces, pero esto es ahora. Cuando llegue 'entonces', te ayudaré. Pero según la experiencia pasada, es probable que*

lo hayas olvidado. ¡Solo piensa en todo el tiempo y energía que habré ahorrado!

Hecho. Los niveles de energía de tu cuerpo están estrechamente conectado con tu mentalidad, diálogo interno y las imágenes mentales internas que estos crean. Modelos positivos de diálogo interno fortalecen su sistema inmunológico y aumentan los niveles de energía, mientras que los pensamientos negativos y sentimientos agotan su *energía.* La ansiedad y la ira son comedores de energía. Un estilo

negativo de diálogo interno, puede convertirse en un círculo vicioso y arrastrarlo hacia abajo. Presta atención—¡ya que todo lo que eres es *energía!* Un estilo positivo de diálogo interno trae un bono adicional: Los estudios demuestran que tiendes a comunicarte con los demás en la forma en que hablas contigo mismo. Pon tu cerebro en marcha y aprende a hablarte como lo harías con tu major amigo. De hecho, *sé* tu mejor amigo. Después de todo, la única persona que estará contigo en toda tu vida eres *tú.* Asi que, puedes conviértete en tu mejor amigo! Mientras aprendes a hablar positivamente contigo mismo, tenderás—casi automáticamente—a usar ese mismo estilo con los demás.

Hecho. El diálogo interno positivo es la fórmula más efectiva para el cambio de comportamiento. Baje el volumen en cualquier diálogo interno negativo.

Perdónate a ti mismo por tus errores, aprende de ellos, corrige el curso y sigue adelante. Lo que te dices a ti mismo hace toda la diferencia en el mundo. Recompénsese de manera saludable por crear y utilizar un estilo de afirmación. ¡El diálogo interno *importa!*

3—Inteligencia Emocional

Hecho. La inteligencia emocional o EQ es de vital importancia para el éxito en cada área de la vida, personal y professional. Se trata de un conjunto de habilidades para ayudarlo a manejar las emociones, los sentimientos y las relaciones con más éxito. Las emociones (provocadas por estímulos internos o externos) conectan el subconsciente con el consciente, proporcionándole tanto información como energía. En el agarre de una emoción fuerte, el cerebro recuerda eventos pasados que involucran una emoción similar—ya que quiere congruencia—lo que fortalece la intensidad emocional presente.

Hecho. Se han observado cuatro emociones principales en las caras fetales durante las exploraciones uterinas basado en lo que está pasando con su madre. Todas las emociones centrales son positivas, aunque los comportamientos que se muestran a su alrededor pueden ser bastante negativos.

- La ***Alegría*** te dice que la vida va bien y que tienes las herramientas para resolver problemas. Las tomografías PET han demostrado que esta emoción parece estar alineada con el hemisferio cerebral izquierdo. Las otras tres emociones centrales son protectoras y aparecen alineadas con el hemisferio cerebral derecho.

- La ***Ira*** informa que se han invadido tus límites para que puedas crear—o restablecer—y mantenerlos.
- El ***Miedo*** señala que puede estar en algún tipo de peligro, a menos que sea provocado por temores imaginarios.
- La ***Tristeza*** lo alerta de una pérdida, para que pueda identificar, afligirse, recuperarse y sentirse mejor nuevamente.

Hecho. Los altos niveles de EQ te ayudan a identificar emociones centrales de manera rápida y precisa reconocer la información que están tratando de darte, y gestionarlos con eficacia—junto con los sentimientos creados por tu cerebro basados en su interpretación de la emoción. Si no te gusta cómo te sientes, cambia la forma en que piensas y lo que te estás diciendo a ti mismo. Mientras que usted no es responsable de cada emoción provocada por un estímulo dentro o fuera de ti, la mayoría de las personas generalmente son capaces de elegir los sentimientos que desean mantener con el tiempo, ya que sus cerebros crean sentimientos para explicar las emociones. Los bajos niveles de EQ pueden crear todo tipo de desorden (algunos peores que otros) que generalmente necesitan ser limpiados.

Hecho. Habilidades de ecualización— que incluso los niños pequeños pueden aprender— ofrece múltiples ventajas: tiende a minimizar el conflict, proporcionar la capacidad de evaluar una situación de forma rápida y precisa, y determinar qué acción (si alguna) es necesario. Le ayudan a estimar cuánto importará un determinado evento o situación en doce meses. Si la probabilidad es alta, comience a resolver problemas. Si está bajo, abre la puerta de tu mente y déjala ir. Cuando se le pide su opinión, los altos niveles de ecualización le permiten no solo darla de la manera más honesta y amable possible, sino también ser relativamente indiferentes a si se toma o no. Esto puede ayudarte a evitar acosar a otros para que adopten tu perspectiva. Cada cerebro es diferente, y percibe las situaciones de manera diferente. Ningún cerebro lo sabe todo. Aporte de diferentes cerebros puede maximizar la probabilidad de una solución óptima.

Hecho. ientras que usted hereda un rango potencial de IQ al nacer, se deben *desarrollar* habilidades de ecualización. Su cociente de éxito [SQ] resulta de su IQ más su EQ. Pero IQ contribuye con el 20 por ciento, mientras que EQ contribuye con el 80 por ciento. Haciendo de EQ su as en el agujero para el éxito en general. Aprenda a reconocer los comportamientos JOT rápidamente y corejir el curso inmediatamente, ya que representan niveles bajos de ecualización:

- Saltando a Conclusions
- Reaccionando Exageradamente
- Tomando Cosas Personalmente

Use el antídoto triple **AAA** para minimizar y eventualmente evitar comportamientos JOT:

- Haga preguntas para aclarar, en lugar de saltar a una conclusión que puede estar muy lejos de la base
- Aplicar una respuesta calmada y racional, previniendo un tsunami emocional reactivo.
- Modifique su percepción o replantee el evento, recordando que su propio equipaje contribuye en un 70 por ciento a la situación.

Hecho. La inteligencia emocional *importa.*

4—Ejercicio físico

Hecho. El ejercicio físico es de vital importancia tanto para el cerebro como para el cuerpo. Fortalece el corazón, refuerza el sistema inmunológico, aumenta la energía, alivia el estrés, mejora la cognición y mejora el sueño. El valor del ejercicio tiene *menos* que ver con construir músculos o quemar calorías y *más* con hacer que el corazón bombee más rápido y de manera más eficiente, aumentando así el flujo de sangre para nutrir y limpiar el cerebro y los órganos del cuerpo.

Hecho. El ejercicio de grandes grupos musculares facilita el retorno de la sangre al corazón a través de las venas y el líquido linfático a través de los vasos linfáticos. La sangre circula por el cuerpo al menos una vez por minuto—y, a veces, dos o tres veces por minuto, dependiendo de su ritmo cardíaco y de lo que esté haciendo. ¡Cada día, cada célula en la sangre viaja el equivalente a casi a mitad de camino del Planeta Tierra en su ecuador! Cuando se opera correctamente, el sistema circulatorio es un sistema muy eficaz de distribución de dos vías. Entrega oxígeno, agua, glucosa, enzimas y otros micronutrientes esenciales a cada célula. En turno, recoge el dióxido de carbono, llevandoselo (y otros productos de desecho).

Hecho. Los estudios de adultos mayores que caminaban regularmente (en comparación con personas mayores sedentarias) mostraron una mejora en las habilidades de memoria, capacidad de aprendizaje, concentración y razonamiento abstracto. Según Candace B. Pert, PhD, veinte minutos de ejercicio aeróbico suave al comienzo del día activan los neuropéptidos para quemar grasa, los efectos de los cuales pueden durar horas. Esto puede ser crítico en el manejo de enfermedades como la obesidad y la diabetes. *Brain Rules* explica que aumentando el ejercicio diario a una caminata de 20 minutos puede reducir el riesgo de accidente cerebrovascular por 57 por ciento.

Hecho. Minimizar sentarse y maximiza la actividad física.
Si estás haciendo un trabajo en gran parte sedentario, hacer algo del trabajo parado en un escritorio elevado, si es posible. Muévase por un par de minutos cada media hora, configurando un temporizador si es necesario. Proponer de hacer ejercicio durante 30 minutos cada día, en secciones de 10 o 15 minutos, si lo prefieres. Incluye una combinación de ejercicios de estiramiento, aeróbicos, equilibrio y flexibilidad.

La fuerza de voluntad se puede definir como la determinación energética para llevar a cabo sus planes y decisiones. Es una función cerebral diseñada para ayudarlo a crear un nuevo comportamiento o reemplazar un antiguo comportamiento por uno más sano y más funcional. No está diseñado para detener los malos hábitos, especialmente aquellos que le dan una recompensa a su cerebro. Imagínese en el ojo de su mente, lo que quieres hacer para hacer ejercicio y usa la fuerza de voluntad para ayudarte realmente a hacerlo.

Úsalo y muévete o *pierdelo*—pero elige tus actividades físicas y rutinas de ejercicio con cuidado. El consejo de Hipócrates sigue en pie: *No hagas daño*. Por ejemplo, después de décadas de ser promocionado como beneficioso, trotar (en comparación con caminar o corer) está recibiendo críticas mixtas para la persona promedio Con el tiempo, el trote puede dañar las articulaciones, estirar los ligamentos e incluso puede formar celulitis. Si le gusta el entrenamiento de intensidad, alterne varios minutos de caminar a paso ligero, andar en bicicleta, remo o nadar con varios minutos de ejercicio más moderado.

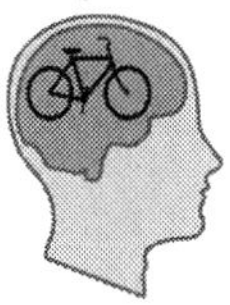

Si estás acostumbrado a ser sedentario, consulte a su médico u otro profesional de la salud antes de comenzar un programa de ejercicios.

Hecho. *El ejercicio físico es una estrategia antienvejecimiento.* La variedad es clave para mantener su cerebro interesado y motivado, así que seleccione actividades y ejercicios que disfrutas. Ser creative. Necesita un cuerpo sano para transportar su cerebro, y desea un cerebro sano mientras su cuerpo va al trabajo de transportarlo de aquí para allá. Encuentre una manera de obtener el ejercicio físico que su cerebro y su cuerpo requieren. Incluso pequeños cambios pueden contribuir a mejorar la salud y la longevidad. Casi todos pueden encontrar una manera de obtener la actividad física y ejercitar lo que requieren sus cerebros y cuerpos.

Concéntrese en lo que *puede* hacer y deje de preocuparse por lo que *no puede* hacer—o use eso como una excusa para la pereza. ¡El ejercicio *importa*!

5—Estimulación cerebral

Hecho. Aunque no es un músculo, el cerebro responde de manera muy similar al tejido muscular. Según Richard Restak, MD, el ejercicio físico, la herramienta *más poderosa* que tiene para optimizar su función cerebral, puede mejorar la creatividad, la concentración y la resolución de problemas. Prepara a sus neuronas para conectarse entre sí, mientras que la estimulación mental le permite a su cerebro capitalice esa preparación.

Hecho. Al igual que el cuerpo anhela comida y actividad física, su cerebro anhela información, variedad y novedad. La estimulación cerebral es esencial para cada cerebro y crítica para el envejecimiento del cerebro, cuando la tendencia es ser mentalmente perezosa. Evite la zonificación frente al televisor, dejando que su cerebro procese pasivamente lo que otro cerebro creó. En su lugar, maximice la imagen mental activa participando en actividades mentales estimulantes y desafiantes durante al menos 30 minutos al día para mantener su cerebro activo y sus axones y dendritas estirados.

Hecho. Las personas que son aeróbicamente aptas también pueden tener una ventaja intelectual. Metafóricamente, imagina tu mano como una neurona. Tu palma es el cuerpo celular. Tu pulgar es el axón, la carretera por la cual la información sale de la célula y va a otra neurona. Tus dedos son las dendritas que reciben información y la pone en la célula. Los estudios han demostrado que las dendritas pueden alterar su forma en 30 segundos y una neurona puede crecer una nueva dendrita en 30 minutos— dependiendo de la cantidad de estimulación que reciban las neuronas. Es posible hacer crecer 10.000 proyecciones dendríticas parecidas a dedos (o más) en cada neurona que, a su vez, pueden conectarse con otras neuronas.

Hecho. Si no se estimulan regularmente, las neuronas, junto con sus axones y dendritas, pueden atrofiarse o encogerse. Esto amplía la sinapsis o el espacio entre las neuronas, lo que dificulta la transferencia de información de una neurona a otra. Eventualmente, el propio tejido cerebral puede comenzar a encogerse y alejarse del cráneo. Imagina una neurona que recibe niveles bajos de estimulación con el aspecto de un árbol en invierno con ramas desnudas y sin hojas. A continuación, imagine una neurona que recibe estimulación mental desafiante de manera regular, que ahora se ve como un árbol completamente hojeado. Gran diferencia. ¿Cuál quieres?

Hecho. Hay muchas formas de "usarlo"—aeróbicos cerebrales, si lo desea—con el fin de mantener la función cerebral óptima durante el mayor tiempo possible. Las siguientes son algunas sugerencias para comenzar:

- *Lea* en voz alta durante diez minutos al día para promover la actividad cerebral y el desarrollo del lenguaje—tanto en niños como en adultos. Escuchar audiolibros. ¡Perfecciona tu creatividad de todas las formas posibles!
- Jugar juegos mentales y de palabras. A algunos les gusta acceder a juegos en lumosity.com o Posit Science o en www.ArleneTaylor.org.
- Viaje (localmente o al extranjero) y exponga su cerebro a nuevas vistas, sonidos, olores, gustos, personas y ambientes.
- Si tocas un instrumento, sigue tocándolo regularmente. Si no, aprende a tocar uno.
- Desarrollar un hobby desafiante y gratificante. Voluntario en un género que te interese. Aprende a usar una computadora y haz búsquedas en el internet. Haz de tu vida una preciada búsqueda del tesoro.

Hecho. Cerebro más cuerpo es un equipo increíble, Pero solo obtienes uno de cada uno en el gran esquema de la vida. Úsalo o pierdelo—saber ahora mismo. Un cuerpo sano sin un cerebro sano es menos de la mitad de la imagen—y viceversa.

Se ha encontrado que la estimulación mental desafiante y regular ayuda a retrasar el inicio de la pérdida de la memoria, un regalo para usted y para todos los que lo conocen. La estimulación cerebral *importa.*

6—Sueño Optimo

Hecho. Todas las criaturas vivientes en el Planeta Tierra necesitan dormir durante cada período de 24 horas. Puede ser más esencial que la comida, ya que los animales morirán por falta de sueño antes que por inanición. Su cerebro no descansa durante el sueño, per se—cientos de procesos biológicos continúan y algunas áreas del cerebro están aún más activas durante el sueño que cuando está despierto. Su cerebro está más ocupado durante el sueño que cuando está despierto debido a sus muchas tareas domésticas que normalmente requieren de 7 a 8 horas para cumplir para la mayoría de los adultos. Imagine contratar un servicio de limpieza y los trabajadores se van rutinariamente una o dos horas antes de que termine su turno. A medida que continúan acortando su tiempo de trabajo, no se tarda mucho en acumular "tareas pendientes" hasta que los trabajadores están demasiado atrasados para ponerse al día.

Hecho. La privación del sueño es una pandemia—se estima que el 80 por ciento de la población mundial necesita un despertador para despertarse! Las estimaciones indican que 80 millones de Estadounidenses carecen de sueño, lo que significa que sus cerebros no obtienen el sueño óptimo necesario para cumplir con las funciones requeridas.

Un factor contribuyente probablemente se relaciona con la invención de las luces eléctricas, que pueden causar un desajuste entre la biología y la tecnología.

Hecho. Durante el sueño, se producen hormonas de crecimiento humano. La electricidad se genera para el pensamiento, y la energía se produce. Las hormonas, los neurotransmisores, las enzimas y otros productos químicos se reponen. Se fabrican neurotrofinas (alimento para las neuronas), se reparan las células, se fortalece el sistema inmunológico y se eliminan los desechos metabólicos. Durante el sueño, el cerebro puede experimentar sin inhibiciones, a menudo con ideas nunca antes pensadas. Dormir lo suficiente reduce el riesgo de demencia, depresión, psicosis y derrame cerebral. La falta de sueño puede drenar la energía del cerebro y el cuerpo, interferir con toma de decisiones efectiva y la resolución de problemas, aumenta el riesgo de errores y accidentes, desencadenar el aumento de peso y acelerar el proceso de envejecimiento.

Hecho. Todas las funciones de la memoria cognitiva son impactadas de alguna manera por la privación del sueño. Esto incluye memoria declarativa (semántica y episódica), junto con memoria implícita (no declarativa) y memoria inteligente o creativa. Dormir es esencial para todas las funciones de memoria saludables. Cuando está despierto y expuesto a nueva información, el cerebro empuja lo que aprende en los bancos de memoria a corto plazo. Durante el sueño, el cerebro consolida la información. Piense en el hipocampo (el "buscador" del cerebro) como un rebobinado y una repetición de lo que sucedió durante el día para que el neocórtex o el cerebro lo revisen. Durante este proceso, la información se descarta o se traslada al almacenamiento a largo plazo. Cuando conscientemente desea recuperar una memoria, el hipocampo busca y (con esperanza) ubica la información— si alguna vez fue trasladado a la memoria a largo plazo. Desafortunadamente, la falta de sueño suficiente interferirá con todos los tipos de funciones de memoria.

Hecho. La melatonina es una hormona que afecta el sueño y ayuda a regular los ritmos biológicos. La luz de cualquier fuente retarda la liberación de melatonina de la glándula pineal. Dormir en una habitación oscura puede ayudar a evitar interferir con la producción de melatonina, al igual que eliminar todos los productos electrónicos de la habitación. Una hora antes de acostarse, apague todos los diodos de luz azul o LED (a menos que haya estado usando gafas especiales que impiden que la luz azul entre en sus ojos), como estos suprimen la producción de melatonina y aumentan el estado de alerta— exactamente lo que *no* quieres que suceda cuando necesites dormir.

Hecho. El sueño está vinculado independientemente con la longevidad. Sin dormir lo suficiente, muere: la pérdida de una hora de sueño por noche puede acortar su esperanza de vida. El sueño ha sido llamado la cadena de oro que une la salud y el cuerpo. Dale a tu cerebro la cantidad *óptima* de sueño que necesita. ¡El sueño *importa!*

7—Hidratación Esencial

Hecho. Muchos han aprendido a sobrevivir sin amor. Ninguno sin agua! La deshidratación por la privación de agua mata más rápido que la falta de cualquier otro nutriente. Puedes vivir al menos diez veces más sin comida que sin agua. Similar a las estimaciones de la composición del Planeta Tierra, cuerpo y cerebro promedian alrededor de un cuarto de materia sólida y tres cuartos de agua, con neuronas cerebrales que contienen porcentajes aún más altos. ¡Incluso los huesos son aproximadamente una quinta parte del agua! La deshidratación representa una alteración en esta relación hacia una materia más sólida.

Hecho. El agua es su nutriente más esencial. Debe incorporarlo desde el exterior, y el precio de la deshidratación es bastante alto, impactando todos los sistemas cerebro-cuerpo. Puede ser especialmente letal para la función cerebral, retardarla e interferir con los procesos de pensamiento vital. Un nivel de deshidratación del uno por ciento resulta en una reducción del cinco por ciento en la capacidad cognitiva— y probablemente ni siquiera siente sed todavía! Con una reducción del cinco por ciento, es posible que tengas dificultades para hacer cambios mientras compras, encontrar su camino por la ciudad, o decidir entre dos opciones.

Hecho. Normalmente, hay más agua dentro de una célula que afuera. La deshidratación revierte esa proporción. El agua genera la energía eléctrica para *todas* las funciones del cerebro, El movimiento del agua dentro y fuera de las células funciona de manera muy similar a una planta hidroeléctrica. Las células cerebrales necesitan al menos el doble de la energía requerida por la mayoría de las otras células del cuerpo, y tres veces lo requerido por el tejido muscular. El agua proporciona esta energía de manera más efectiva que cualquier otra sustancia. Cuando los niveles de agua caen, la producción de energía también cae.

Hecho. La deshidratación puede hacer que el tejido cerebral se contraiga y se aleje del cráneo, una condición ahora vinculada con la demencia. También se asocia con problemas de líquido linfático y bajo volumen de sangre, mayor riesgo de coagulación, dolores de cabeza, irritabilidad, dolores de cabeza, irritabilidad, inflamación, insuficiencia renal, calambres por calor, insolación, depresión, y convulsiones por pérdida de electrolitos. La deshidratación produce radicales libres que arrugan la piel, también como órganos internos del cuerpo. Pensamiento desagradable, eso.

Hecho. Muchos niños crecieron recibiendo alimentos cuando estaban inquietos, en lugar de que les ofrecieran agua primero para determinar si solo tenían sed— o fisiológicamente hambriento. En consecuencia, muchos nunca aprendieron a diferenciar entre el hambre fisiológico genuino y la sed. Adicionalmente, la sensación de sed tiende a caer sobre la edad de los 50 años, por eso no es un indicador confiable de deshidratación. Beba un vaso de agua de quince a treinta minutos antes de planear una comida. Esto puede ayudar a asegurar que usted está comiendo del hambre en lugar de la sed. El agua también puede aumentar la fluidez de los jugos digestivos y ayudarlos a manejar los alimentos que usted consume de manera más eficiente.

Hecho. Se estima que la mayoría de las personas mayores de 50 años beben menos de 1 cuarto (32 oz.) o 1 litro (1,000 ml) de agua por día y se deshidratan crónicamente. El adulto promedio pierde más de 80 onzas. (2365 ml) de agua todos los días a través de la sudoración, la respiración, y eliminación de desechos, lo que lo pone a él o ella 48 onzas (1420 ml) en déficit en comparación con la cantidad de agua ingerida. Desafortunadamente, algunos (si no muchos) seres humanos—niños *y* adultos— beben principalmente sodas (regulares o dietéticas), jugos de frutas, bebidas azucaradas, té, café o colas. Según la Dra. Corinne Allen, fundadora de Advanced Learning & Development Institute, las personas con problemas cerebrales. Según la Dra. Corinne Allen, fundadora de Advanced Learning & Development Institute, las personas con problemas cerebrales enfrentan desafíos (como ADD, lesiones en la cabeza, ataques de ansiedad, depresión y el espectro del autismo) a menudo bebe poco o nada de agua cada día. La deshidratación resultante promueve y exacerba la disfunción cerebral.

Hecho. Los órganos del cuerpo renunciarán a su necesidad de agua en favor del cerebro. Evita *eso*. A menos que contraindicado médicamente, beber suficiente agua pura para tener una o dos orinas pálidas por día. Tanto tu cerebro como tu cuerpo te lo agradecerán. En palabras del jugador de baloncesto Stephen Curry, el agua potable es esencial para un estilo de vida saludable. Agua: es la medicina del mundo—y tu—primero y ante todo. ¡El agua *importa!*

8—Seguridad Cerebro-Cuerpo

Hecho. Sólo tienes un cerebro; No existen reemplazos. Es la prevención en todo momento porque hay poco disponible para curar. Sólo tienes un cuerpo, también. Aunque hay algunos reemplazos de órganos y órganos, a menudo son menos eficientes. La seguridad es importante tanto para el cerebro como para el cuerpo ya que (como lo dijo Thomas Edison) la función principal de su cuerpo es transportar su cerebro. Un cerebro funcional en un cuerpo enfermo o dañado a menudo puede lograr mucho. Un cerebro dañado o enfermo en un cuerpo por lo demás funcional—no tanto.

Hecho. Sus neuronas (células pensantes) normalmente no se reemplazan a sí mismas al dividirse y multiplicarse, como lo hacen la mayoría de las otras células del cuerpo. Esto significa que las neuronas que ahora contiene tu cerebro son las mismas que tu cerebro tenía al nacer. ¡Cuídalos! La seguridad incluye prestar atención a las estrategias investigadas relacionadas con la salud y la longevidad dc estas células vitals. Evite las sustancias que puedan dañar negativamente los centros de control neuronal en su cerebro.

Hecho. Los huesos rotos, las lesiones en la cabeza, las enfermedades de transmisión sexual y muchas conductas adictivas puede acortar una vida que podría haber vivido y prosperado exitosamente por otra década o dos más, sin importar la vida. Sea proactivo sobre la seguridad diariamente. Aunque ocurren accidentes genuinos, la prevención no es ciencia espacial y puede ser muy útil. Se han identificado muchas estrategias simples de prevención. Sin embargo, *saber* es una cosa; *implementar* lo que sabes es otro. Por ejemplo:

- En la medida de lo posible, evite la exposición a la radiación, toxinas, venenos, sustancias conocidas por ser dañinas para el cerebro o el cuerpo, y enfermedades infecciosas transmisibles. Minimizar el consumo de bebidas alcohólicas. Si decide beber, no conduzca!
- Protege tus pulmones. Inhalar aire fresco. Limite la exposición a contaminantes como el humo del tabaco, el humo lateral, el escape del vehículo y el humo del incendio. Use una máscara si la calidad del aire es mala.

- Proteja sus oídos cuando esté cerca de sonidos fuertes. Protéjase los ojos cuando participe en actividades que podrían disparar escombros voladores.

- Proteja su sistema digestivo de alimentos y bebidas de baja calidad y cualquier cosa que disminuya la efectividad de su sistema digestive.
- Evite exponer su cerebro a imágenes negativas o imágenes que podrían volver a perturbar su sueño—o que podría desencadenar comportamientos indeseables que resulten en lesiones o muerte.

- A prueba de caídas su hogar. Deshágase de las alfombras y otros peligros de tropiezos. Use taburetes robustos cuando se estire hacia arriba para objetos. Mantente fuera del techo. Deja que los expertos hagan eso.

- Evite caminar y conducir distraído. Usar cinturones de seguridad en vehículos. Usar cinturones de seguridad en vehículos. (Ya sabes que hacer!)

- Use un casco como se indica para proteger su cabeza, para ayudar a evitar que su cránco se agriete, y tal vez incluso proteger su tejido cerebral, también.

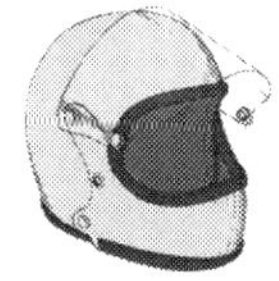

Hecho. Su cerebro ha sido considerado como la pieza más increíble de bienes raíces biológicos en el universo conocido. Cuando haces algo una vez, tu cerebro establece el contorno de una nueva pieza de software en caso de que quieras hacer eso de nuevo. Basado en este fenómeno, el cerebro puede terminar desarrollando algunos hábitos bastante perjudiciales porque "hiciste algo una vez". Pensar en el futuro—protege tanto tu cerebro como tu cuerpo. ¡La seguridad *importa!*

9—Luz Solar

Hecho. La vida no puede sobrevivir—mucho menos prosperar—en este planeta sin la exposición a la luz solar natural. Pero cómo y cuándo lo obtiene (y la cantidad) puede ser crítico. Los debates continúan sobre cuánta luz solar es óptima, aunque evitando las quemaduras solares no es para debate. Exponiendo los brazos de uno a la luz natural durante un estimado de 10 a 15 minutos por día puede proporcionar los beneficios necesarios. (La piel oscura puede necesitar cinco o seis veces esa cantidad.) Por supuesto, no hay una talla para todos. El *exceso* se puede definir como cantidades inadecuadamente altas de exposición a la luz solar para su tipo de piel bajo un nivel particular de radiación ultravioleta del sol (UVR).

Hecho. Más allá de los beneficios comúnmente promocionados de la producción de vitamina D y la utilización de calcio, la luz solar activa las reacciones químicas internas y estimula las enzimas para que funcionen de manera más efectiva. La plasticidad cerebral y la depresión que están reguladas en parte por el factor neurotrófico derivado del cerebro (BDNF) muestran una correlación con la cantidad de luz solar ambiental.

Hecho. El núcleo supraquiasmático (SCN), un grupo de células en el hipotálamo del cerebro. usa las señales de los ojos para mantener el ritmo circadiano humano sincronizado con el sol—restableciendo el reloj biológico del cerebro de 24 horas regularmente. El proceso, conocido como *arrastre*, ocurre cuando las células sensibles a la luz en la retina envían señales eléctricas al SCN. Si la luz natural no puede llegar a la retina, si la luz natural no puede llegar a la retina, el ciclo del reloj circadiano comienza a alargarse más allá de lo habitual 24 horas y unos pocos minutos, lo que puede ser disruptivo para la vida de una persona. Por la mañana, cuando la luz del sol entra en los ojos, el SCN se activa y despierta los órganos del cuerpo, notificando a la glándula pineal que deje de secretar melatonina. Al anochecer, el SCN le dice a la glándula pineal que libere la hormona melatonina, lo que ayuda a promover la sensación de tener sueño. Exponiendo el cerebro a luz artificial después de la puesta del sol puede interrumpir la liberación de melatonina.

Hecho. El desfase horario pone al cerebro en conflicto con los patrones normales de sueño de una persona, ya que el cerebro se apresura a adaptarse para cruzar muchas zonas horarias diferentes. Para algunos, esto puede tomar un día para cada zona horaria cruzada, a menudo causando problemas con el pensamiento efectivo y el rendimiento eficiente. Síntomas similares pueden ocurrir cuando una persona trabaja turnos rotativos o cuando los horarios de sueño difieren radicalmente los fines de semana y el cerebro trata de adaptarse a horas más cortas, más largas o irregulares.

Hecho. Algunos adolescentes experimentan un retraso en la fase de sueño. Sus niveles de melatonina aumentan naturalmente más tarde en la noche, comparado con muchos niños y adultos. Eso puede hacer que los adolescentes se sientan alerta más tarde en la noche haciéndolo difícil quedarse dormido antes de las once—o incluso la medianoche. La privación del sueño compuesto por la hora de inicio temprano de la escuela, puede influir negativamente en la *vida* en general y en el *aprendizaje* en particular. Manteniendo las luces tenues cuando se acerca la hora de acostarse puede ayudar, así como la exposición a la luz brillante tan pronto como sea posible en la mañana. Apagando los dispositivos electrónicos una hora antes de acostarse (o usando lentes especiales para bloquear la luz del LED y evitar que entren en los ojos) puede ser muy útil, también.

Hecho. La exposición excesiva y sin protección a la luz solar puede contribuir al envejecimiento premature al arrugamiento de la piel, a las cataratas, un mayor riesgo de cáncer dc piel, y está relacionado con enfermedades agravadas por la inmunosupresión, permitiendo la reactivación de algunos virus latentes. Según la Fundación de Cáncer de Piel, las lámparas solares de alta presión utilizadas en los salones de bronceado generan dosis de UVA hasta 12 veces más que la del sol. Los clientes tienen 2.5 veces más probabilidades de desarrollar carcinoma de células escamosas, y 1.5 veces más probabilidades de desarrollar carcinoma de células basales. Una primera exposición a las camas solares en la juventud puede aumentar el riesgo de melanoma en un 75 por ciento.

Hecho. La exposición a la radiación ultravioleta bajo la luz solar tiene efectos beneficiosos y perjudiciales para la salud humana. Demasiado poco es malo: también es demasiado y también lo es demasiado. Inunda tu hogar con luz solar, pero sé prudente en tu propia exposición personal. *¡Importa!*

10—Nutrición

Hecho. Las dietas no funcionan a largo plazo. Punto. A corto plazo, las dietas—especialmente de moda y radical—*puede* resultar en la pérdida de unas pocas libras, pero dentro de unos tres años la mayoría de la gente lo recupera todo—o más—a menudo como grasa en lugar de tejido muscular. También de preocupación, experimentos con ratones en el Colegio de Medicina Albert Einstein, muestran que cuando las neuronas están muertas de hambre, estas células cerebrales hambrientas por la nutrición realmente comienzan a comer partes de sí mismas en un intento de enviar señales de angustia de hambre.

Hecho. Aunque el cuerpo puede usar proteínas, grasas o carbohidratos para obtener energía, las células cerebrales prefieren la glucosa de los carbohidratos casi exclusivamente como su fuente de energía. (Nota: las células cerebrales no pueden quemar grasa). Debido al metabolismo rápido, el cerebro requiere glucosa minuto a minute. Los niveles caen durante periodos de intenso procesamiento cognitivo. Los estudios en todo tipo de personas han demostrado un habilidad mental mejorada después de una comida alta en carbohidratos, lo que plantea preocupaciones sobre el impacto a largo plazo en el cerebro de las "dietas bajas en carbohidratos." Naturalmente, carbohidratos complejos más sanos, consumidos en un estado tan natural como sea posible y relativamente bajos en el Índice Glucémico y se prefieren las listas de Carga Glicemica. Los alimentos y bebidas con alto contenido de azúcar pueden desencadenar un aumento de glucosa en el cerebro. usualmente seguido por una dramática baja. Al igual que una montaña rusa, este patrón fluctuante de altos y bajos de glucose puede ser mortal para muchas funciones cerebrales e incluso puede causar inflamación de bajo grado, se cree que subyace en muchos tipos de enfermedades.

Hecho. Calorías de alimentos y bebidas de baja calidad probablemente se irán a tu *cintura*, que es un gran *desperdicio*. Adicionalmente, la aromatasa en las células de grasa convierte la testosterona en estrógeno. Demasiado estrógeno puede causar una plétora de problemas en hombres y mujeres—problemas que nadie quiere. Evite comer en exceso, especialmente de alimentos de mala calidad, como los que tienen un contenido alto de grasa de animalo aceites hidrogenados o azúcar, y que son altamente refinados y procesados—que puede desencadenar desequilibrios hormonales y aumentar su riesgo de resistencia a la insulina, acumulación de grasa visceral, y diabetes tipo 2. Aumente su consumo de fibra soluble e insoluble, preferiblemente de alimentos enteros e intactos.

Hecho. Tanto el cerebro como el cuerpo funcionan mejor con una nutrición de alta calidad. Considera estos consejos:

- Lee las etiquetas cuidadosamente y evite alto contenido de azúcar, alto contenido de sal, alto en grasa y los aditivos que terminan en -ate.
- Trasladar hacia una cocina de estilo Mediterráneo de base vegetal, alimentos sin refinar y sin procesar.
- Practica el control de porciones apropiado.
- Evitar o minimizar el alcohol, colas (regular or diet), jugos de frutas y bebidas azucaradas.
- Minimiza las calorías *vacías* y maximizar los *nutritivos*; minimizar los alimentos de *masticar menos* a favor de los *masticables*; minimiza los *bocadillos* y ve por las comidas regulares.
- Girar los bocados de los alimentos para mantener la intensidad del sabor. Si quieres postre, come solo dos o tres bocados: después de eso estás comiendo principalmente de la memoria gustativa de todos modos.
- Haz del agua tu "bebida preferida", ya que no necesita digestión y puede ser absorbida rápidamente. Beba agua 15-30 minutos antes de cada comida.

Hecho. Se ha demostrado que el "ayuno intermitente" prudente mejora la función cardiovascular, sueño, digestión, reparación celular y control de peso, mientras reduce el riesgo de inflamación, lo que por sí solo puede ralentizar los procesos de envejecimiento y enfermedad. Por ejemplo, si desayunas a las 8:00 a.m., almuerzo al mediodía y su última comida antes de las 6:00 p.m.—y beber solo agua entre entonces y beber solo agua entre entonces y "desayuno" a la mañana siguiente—habrás ayunado durante 13-14 horas. O intente comer solo dos comidas al día durante el fin de semana.

Hecho. Tu cerebro funciona más efectivamente cuando recibe nutrición de alta calidad. Elije cuidadosamente. Sé sabio—y energízate. ¡La nutrición *importa*!

11—Risa

Hecho. La risa alegre es una medicina milagrosa, que no requiere visitas al médico ni recetas— y ningún traje o ambiente especial. Piense en la risa como una forma de juego tanto para su cerebro como para su cuerpo que, es decir, es *muy* beneficioso. Un fenómeno interesante, la risa se considera una forma de discurso audible, surgiendo como lo hace desde el Área de Broca en el lóbulo frontal izquierdo del cerebro. De hecho, puede transmitir mucho a través de la risa: felicidad, tristeza, ira, miedo, desprecio, etcétera.

Hecho. El humor, una facultad mental ubicada en el hemisferio cerebral derecho, normalmente se activa, cuando ocurre algo que no esperaba ver, escuchar o pensar. *Si* has afinado tu sentido del humor, eso es. Puede activarse al ver a una persona pisar una cáscara de plátano y toma un resbalón inesperado o niños o criaturas haciendo movimientos o sonidos inusuales. El humor identificado puede entonces activar la risa. Sin embargo, no todos eligen reírse. Un reconocimiento verbal de que algo fue divertido no parece desencadenar la liberación de productos químicos para sentirse mejor, como lo hace la risa alegre y prolongada.

Hecho. Al igual que bostezar, la risa es una actividad intensamente infecciosa que activa el Sistema de Recompensa Cerebral. El Dr. Madan Kataria de la India descubrió que cuando los grupos de individuos se reúnen y comienzan a reírse por decisión propia, en poco tiempo se convierte en una risa auténtica. Humor breve- la risa relacionada proviene del cerebro. Elegir reírse lo desconecta de la vida normal, lo que puede no ser muy humoroso en el momento. Reírse de su diafragma ayuda a eliminar el aire residual de los pulmones y hace espacio para inhalaciones profundas de aire fresco. Cuando la risa sostenida proviene de tu interior, el cerebro la contrae y libera endorfinas, dopamina y serotonina que le ayuda a sentirse mejor.

Hecho. La risa puede ser reflexiva. Es virtualmente imposible controlar la risa cuando se te hace cosquillas juguetonamente— algo que no puedes lograr solo— porque controlarías cuando intentas hacerte cosquillas y no habría ninguna sorpresa. La risa también puede ser instintiva, como al escuchar la frase clave de una broma debido al final inesperado. La risa instintiva parece estar relacionada con la reacción de lucha y huida y con el supervisor de tu cerebro, el hipotálamo. Usted puede o no ser capaz de controlar la risa instintiva, especialmente si le dicen que "dejes de reírte". ¡Buena suerte!

Hecho. Las diferencias de percepción de lo que es divertido típicamente existen entre hombres y mujeres. El humor femenino tiende hacia el juego de palabras en el hemisferio izquierdo e historias sobre algo que golpeó el hueso gracioso de una mujer. Las hembras se conectan a través del lenguaje, pero no necesariamente a través de bromas. El humor masculino es más cerebro-derecho; usan chistes para conectarse entre sí o humor payasadas que no requiere lenguaje. Es posible aprender el humor del otro y duplicar los disparadores de uno para la risa. Algunas universidades ahora ofrecen cursos para ayudar a hombres y mujeres a entender el humor de cada uno. Los estudios han demostrado que el humor y la risa promueven relaciones más sanas y que las parejas que se ríen juntas tienden a permanecer juntas. Después de todo, es difícil mantener la ira o el dolor mientras se duplica en una risa alegre.

Hecho. Los estudios sugieren obtener al menos 30 risas alegres por día para una buena salud. Las personas consideradas "muy felices" según se informa reían entre 100 a 400 veces al día. ¿Y niños? 400-600 veces al día—a menos que su risa sea sofocada cuando se les dice que "Dejen de ser tontos. ¡Crecer!" (Lo harán, demasiado pronto.) Sea serio con la vida pero evite tomarse cada pequeña cosa *demasiado* en serio. Acércate a la vida como algo importante—¡pero divertido!—experimentar donde buscas y deliberadamente planeas oportunidades para reír. Afina tu sentido del humor— es una habilidad! Expande lo que su cerebro encuentra divertido. ¿Necesitas ayuda? Únete a un club de risa. Salir con personas que tienen un gran sentido del humor. Aprende a reirte de ti mismo. ¿No tienes ganas de reír ahora? Elige hacerlo de todos modos y síguelo. La risa alegre *es* una medicina milagrosa. (Quizás el mejor!) Y una mente alegre trabaja sanacion. Ríete y *durarás*.

Hecho. La Risa Alegre Sostenida *importa!*

12—Sistema de Apoyo

Hecho. Mientras gravemente enfermo en el invierno de 1624, el poeta John Donne escribió un famoso poema en el que opinó que nadie es una isla sino una parte del continente. Cada ser humano necesita unos pocos individuos que "tienen tu espalda." Ya que eres la única persona que estará contigo en toda tu vida, la relación que tienes contigo mismo es de suprema importancia. Así es el de un pequeño círculo de amigos auténticos y de confianza con quien te sientas libre de compartir alegrías, esperanzas y enigmas, según sea necesario. Pueden ser familias biológicas o familias de elección. Aquellos que tienen un buen sistema de apoyo tienden a ser más saludables y viven más tiempo que aquellos que no lo tienen. En una encuesta, la mujer promedio identificó nueve personas a las que podía fácilmente. El hombre promedio identificó uno o ninguno. Si uno, nombró a su cónyuge. No es de extrañar que el divorcio sea más devastador para un hombre emocionalmente: pierde a su persona de apoyo.

Hecho. La gente con la que sales importa! Según Jim Rohn, usted es el promedio de las cuatro o cinco personas con las que pasa más tiempo. Esto significa, según las estimaciones del estudio, que dentro de tres años, usted está en riesgo de recuperar sus hábitos, especialmente aquellos relacionados con la felicidad, el tabaquismo, la salud y la obesidad. El filósofo griego Epicteto creía que la clave es mantenerse en compañía solo de aquellos que lo elevan, cuya presencia llama a su major. Selecciona tus amigos cercanos con cuidado. Pueden potenciar o sabotear tu éxito.

Rodéate de aquellos que:

- Tienen un superyó sano y practica cuidados personales significativos y consistentes
- Crean y mantienen una mentalidad positiva y patrones de conversación autónomos efectivos
- Tienen buen sentido del humor y ríen—mucho!
- Son sabios y de apoyo, tomando decisiones más saludables teniendo en cuenta el future.
- Que estudian, aprenden, convierten la información en conocimiento y la aplican a diario.
- Que están en un viaje de Estilo de Vida Longevidad.

Hecho. El agua busca su propio nivel. Igual lo hacen los cerebros y comportamientos. Identifique el tipo de persona que deseas tener a *tu* alrededor—entonces conviértete en esa persona. Mientras lo haces, serás atraído más naturalmente y ser atractivo para aquellos que están en un viaje similar. Estos, entonces, se convierten en el tipo de persona que desea para su sistema de soporte. En turno, puede hacer eso por uno o más de ellos.

Hecho. Un sistema de soporte es sobre relaciones, que requieren trabajo y compromiso. Pero dar y recibir es una ecuación difícil. No se trata de mantener la puntuación, per se, sino que las relaciones en un sistema de soporte deben ser recíprocas— nunca una calle de un solo sentido, dar o tomar. A veces das; a veces recibes. Aquellos con un sentido inflado de autoestima a menudo se sienten cómodos tomando pero no dando. Otros con un sentido de autoestima bajo inflado a menudo dan— aparentemente interminable a veces— pero son incómodos de recibir. Esa ecuación debe estar en equilibrio. Es posible que tenga algo que hacer si normalmente te inclinas hacia cualquiera de los extremos en ese continuo. Cuando alguien quiere dar y despides sus esfuerzos — ya sea porque se siente indigno o tiene un problema con el hecho de no querer deberle nada a nadie— usted en efecto, los priva de la oportunidad de sentirse bien con lo que pudieron hacer por usted o con usted. Esto podría verse como una elección bastante egoísta y egocéntrica de su parte.

Hecho. El amor genuino es lo único que es todo. Lo que tiene un valor inestimable y duradero son las relaciones con las personas que ama y las que lo aman… su sistema de apoyo, en efecto. Muchos han dicho que lamentan más no lo que hicieron sino lo que no hicieron, las oportunidades de amistad que dejaron pasar entre sus dedos y no pudieron apreciar y nutrir— hasta que fue demasiado tarde.

Hecho. Un Sistema de Soporte sano y funcional *importa.*

13—Manejo del Estresor

Hecho. János Hugo Bruno "Hans" Selye (1907-1982) fue un pionero endocrinólogo Húngaro-Canadiense. Dr. Selye fue, según informes, el primero en demostrar la existencia de respuestas físicas, mentales y emocionales de un organismo biológico a un estímulo—tomando prestada la palabra estrés descriptive del campo de la ingeniería. Los estresores pueden ser externos o internos. El objetivo es abrazar *Eustress*, estrés positivo que puede ayudarlo a crecer, mientras minimizando la *Angustia* (estrés negativo) y *Maldad* (estrés negativo oculto). Angustia y maldad no gestionada pueden dañar los órganos del cuerpo, aumentar su riesgo de enfermedad, arruinar las relaciones, matar células cerebrales, e incluso acortar su vida.

Hecho. El estrés es muy subjetivo—probablemente tan único como su huella digital y su cerebro. According to Dr. Al Seibert, no stress exists in any situation unless an individual human brain perceives something as a stressor y experimente tensión. El *estrés* es menos el resultado de lo que realmente ocurre o existe objetivamente y mucho más de lo que un cerebro individual percibe que está sucediendo.

Hecho. Epicteto, esclavo liberado y filósofo griego del siglo II, enseñó que no es tanto lo que te pasa que importa pero lo que *piensas* de lo que pasa. Esto se ha convertido en una Regla 20:80. Solo el 20 por ciento de cualquier impacto negative a tu cerebro y cuerpo se debe al factor estresante identificado. Al menos el 80 por ciento se debe a su percepción del factor estresante y cuánto peso o importancia eliges para darle. Aquí está la línea de fondo: mientras que usted no puede prevenir el 20 por ciento en cualquier situación dada, *puedes* hacer todo lo posible por el 80 por ciento porque tu cerebro crea tus percepciones personales.

Hecho. La habilidad de replanteamiento puede ser una estrategia útil para el manejo del estrés. Piensa sobre esto: Cambiando el marco de una pintura puede alterar toda la perspectiva. Cuando se enfrentan con un factor de estrés, intenta verlo de una manera nueva, tal vez imaginando cómo podría interpretarlo un completo extraño. A veces, esto en sí mismo es suficiente para ayudarlo a pensar en una solución viable. O puedes elegir hacer algo radicalmente diferente ya que como dice el viejo refrán, *un cambio es tan bueno como un Descanso.* Esto solo puede ayudarte a percibir el estresante desde una nueva perspectiva. Pregúntese: "¿Este evento o situación (o estresante) importará en doce meses?" Si es así, haga el trabajo de pensar y resuelve el problema. Si no, déjalo ir! Esa es la regla 20:80 en acción.

Hecho. En general, las respuestas al estrés se aprenden en la infancia, a menudo observando cómo se comportan y funcionan las "personas grandes" en la vida de una persona. La gestion del mal estres efectivamente se relaciona tanto con la percepción como con la flexibilidad. Los árboles que no pueden flexionarse con el viento corren un alto riesgo de ser arrancados en una tormenta. Lo mismo con los seres humanos. Las estimaciones son que la mitad de los factores estresantes con los que se enfrentan los humanos son de su propia creación, según la forma en que piensan. Su percepción del estresante, reacciones aprendidas, grado de flexibilidad, nivel de inteligencia emocional, la capacidad de ser serio sobre la vida (mientras no tome cada cosa pequeña *demasiado* en serio), junto con las "herramientas" y estrategias que ha desarrollado, todo influye en lo impactante que es el estresante y los resultados que experimentará tanto en el cerebro como en el cuerpo.

Hecho. En la edad adulta, muchos todavía reaccionan a los factores estresantes percibidos utilizando actitudes y creencias absorbidas en la infancia—a menudo internalizado por la edad de tres o cuatro años. Examina tus desencadenantes, patrones de estrés, percepciones personales, reacciones aprendidas, comportamientos exhibidos, *y* sus resultados. Si sus estrategias de manejo del estrés no están dando resultados positivos y deseables. Si sus estrategias de manejo del estrés no están dando resultados positivos y deseables, crea respuestas más saludables para aumentar tus posibilidades de un resultado positivo— y implementarlos regularmente. Vive la Regla 20:80 diariamente— no solo cuando un estresante ataca. Agradece a tu cerebro cada vez que te ayuda a elegir una respuesta y muestra un comportamiento que resulta en resultados positivos. Cómo lidias con el estrés *importa.*

14—Satisfacción de Vida

Hecho. La satisfacción de vida es uno de los factores más decisivos para mantenerse saludable y más joven por más tiempo. Es quizás un tema más complejo de lo que algunos podrían darse cuenta. Aunque pienses que la satisfacción con la vida es sinónimo de felicidad, la satisfacción con la vida representa un concepto separado. Es la evaluación de la vida de uno en su conjunto, en lugar de solo un reconocimiento o evaluación del nivel de felicidad actual de una persona. Parece que la satisfacción general con la vida proviene de una persona basada en valores personales y en lo que él o ella cree que es importante. Múltiples estudios en diversas culturas han demostrado que, desafortunadamente, un énfasis en el materialismo—dinero, bienes, "cosas", afluencia, clase, tecnología—no parece estar relacionado con niveles más altos de satisfacción con la vida.

Hecho. La esperanza y el optimismo se han relacionado con niveles más altos de satisfacción con la vida. Así tiene una mentalidad que se ve favorablemente en la vida de uno y los logros generales en lugar de una mentalidad que depende de los sentimientos actuales y fugaces o momentáneos. Un sentido equilibrado de autoestima juega un papel definido en la influencia de la satisfacción con la vida, también—conociéndote a ti mismo y comprendiendo que tienes valor simplemente porque existes. Identificando formas en las que ha contribuido positivamente a las vidas de otros puede reforzar una mentalidad afirmativa y un estilo de conversación autónoma relacionados con la satisfacción con la vida.

Hecho. Una actitud de gratitud se ha relacionado con la satisfacción con la vida dado que todo comienza en tu cerebro, dar gracias que tienes uno y un cuerpo para llevarlo contigo. Se ha demostrado que la gratitud ayuda a una persona a aprender a retrasar la gratificación, un requisito crítico para casi cualquier tipo de éxito. Los que escribieron "cartas de gratitud" a otros que habían marcado una diferencia en sus vidas se encontraron puntuaciones más altas en las escalas de la Felicidad, y más bajo en escalas de depression. ¡Y los efectos duraron semanas! ! Según Melody Beattie, la gratitud desbloquea la plenitud de la vida. Oprah Winfrey tiene razón: Concéntrate en lo que no tienes y nunca tendrás suficiente. (Una mentalidad de escasez.) Estar agradecido por lo que tienes y tenderás para terminar teniendo más. (Un estilo de abundancia de diálogo interno.)

Hecho. La alegría no puede coexistir en el cerebro junto con la ira, el miedo o la tristeza. La gratitud es el antídoto para el miedo junto con sus componentes que consumen energía de la preocupación y la ansiedad. Una mentalidad de agradecimiento marca la diferencia. Promueve la congruencia de pensamientos, emociones y sentimientos, que tienden a aumentar la satisfacción con la vida refuerzan el agradecimiento, mejoran la resolución de problemas y mejoran la salud. La satisfacción con la vida tiende a crecer a medida que las personas envejecen; a menudo se vuelven más sabios y más informados. Los estudios también han demostrado que las personas orientadas por la mañana (a veces referido como "alondras") tienden a mostrar niveles más altos de satisfacción con la vida que las personas orientadas a la noche (a menudo llamados "búhos nocturnos.")

Hecho. Aquellos con altos niveles de satisfacción con la vida usualmente exhiben una mentalidad positive y un buen superego: cuidan mucho de sí mismos y también se preocupan por el bienestar de los demás. toman excelente cuidado de sí mismos y también se preocupan por el bienestar de los demás. Toman los pasos apropiados para mantener su propia "taza" llena, lo que les permite compartir de una oferta desbordante en lugar de un pozo profundo de necesidades insatisfechas. Encuentra una manera de "devolver". Hacer algo de voluntario. Realizar actos al azar de bondad. Ser creativo. Haz que funcione para ti. El cielo es el limite.

Hecho. Crea tu propia visión de la vida personal. Afila el espíritu con el que vives la vida—tu espiritualidad. Haga algo todos los días para evocar una sensación de asombro en su cerebro y corazón. Haga algo todos los días para evocar una sensación de asombro en su cerebro y corazón y luego transmítalo. Sólo toma un momento para sonreír, levantar el espíritu de alguien, para hacer una diferencia positiva en la vida de otra persona—y en el proceso, haz una diferencia positiva en tu propia vida, también. Extiende tus alas metafóricas, da gracias—¡y vuela!

Hecho. ¡La satisfacción con la vida importa!

15–Despues de los Hechos

Se ha dicho que muchas personas perecen por falta de conocimiento—no por falta de información. Después de todo, esta es la "Era de la Información."

La información es simplemente información a menos que y hasta que una persona elija convertirla en conocimiento y personalmente aplicarlo a diario. Todas las cosas por igual, su estilo de vida básico es una elección—*¡la suya !*—especialmente en la edad adulta. Usted es el único que puede elegir un estilo de vida de longevidad saludable para *usted.*

Sé consciente de la genética, pero reconoce que solo vale el 30 por ciento. ¡Concéntrate en la epigenética, el 70 por ciento! Un estilo de vida longevidad puede ayudarle a *prevenir* lo que se puede prevenir, *reducir el riesgo* de lo que no es totalmente prevenible, y *lidiar más efectivamente* con lo que no fue o no pudo ser prevenido.

Muchos han tomado menos del óptimo cuidado del cerebro y el cuerpo arrendado a ellos para su uso en este plancta. ¡Ambos son importantes! Thomas Alva Edison creía que su cerebro es tan valioso que la "función principal" de su cuerpo es transportar su cerebro de manera segura de un lugar a otro. Ambos necesitan ser cuidados cuidadosamente.

No es raro escuchar a las personas decir, "Si hubiera sabido lo que mis opciones de estilo de vida me costarían en salud, productividad, relaciones y duración, estoy bastante seguro de que habría tomado algunas decisiones diferentes". Si eso te describe, primero, perdónate.

Como lo describe Herbert Benson, MD, conocido internacionalmente cardiólogo, investigador y autor, lo describe, *"La incapacidad de perdonarte a ti mismo ya los demás por los errores y las equivocaciones es perjudicial para tu salud, tus relaciones, e incluso para la longevidad".*

Desmond Tutu creía que sin perdón no hay futuro. Según Gandhi, los débiles nunca pueden perdonar. El perdón es un atributo de los *fuertes*. ¡Puedes ser *ambos* fuerte *y* perdonadora! Falta de perdón es costoso—especialmente para el cerebro— En términos de salud y longevidad.

Mark Twain lo tenía bien. l secreto para salir adelante es comenzar. Y el secreto para comenzar es dividir tareas complejas y aparentemente abrumadoras en pequeñas tareas manejables. Luego, comience en el primero. Conoces los 14 componentes. Elige uno que no sea ya parte de tu estilo de vida. Piénsalo como una tarea manejable y empezar. Implementalo consistentemente. Cuando ese está firmemente en su lugar— típicamente después de unas 12 semanas— selecciona otro componente y replica el proceso.

Comprenda que lo que haga *hoy* influirá no solo en sus mañanas sino también su futuro en general—y aveces ya sea, si va a tener un futuro feliz, saludable y exitoso. Reconoce la importancia de reforzar tus estrategias a través de la revisión periódica y la repetición. Eso es parte de la fórmula de éxito exponencial.

Sé muy claro, nunca ha habido un cerebro exactamente igual al suyo, ni nunca volverá a haber. Cuestión de hecho, lo mismo va para su cuerpo. Juntos, su cerebro y su cuerpo, son únicos en su clase. ¡Eso es emocionante!

Entonces, ¿de aquí a dónde con su único cerebro y cuerpo ?

Empieza ahora y convierte la información en conocimiento, luego aplícalo prácticamente todos los días por el resto de su vida. El conocimiento aplicado impulsa los comportamientos, que impactan tus acciones, que influyen en su salud, bienestar, y la longevidad. Haz que su vida cuente. Deja un legado positivo y memorablc. Si puede "verlo", es probable que pueda "lograrlo".

Un estilo de vida longevidad. . . *importa!*

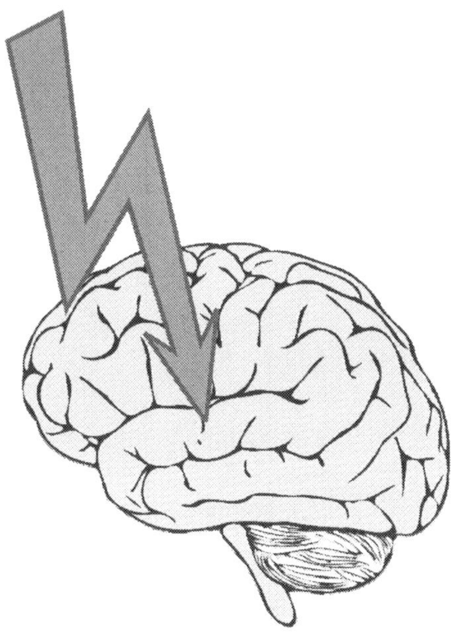

Hechos y Recursos del Autor

Arlene R. Taylor, PhD, un orador líder en la función cerebral, a veces se conoce como la *gurú del cerebro.* Ella se especializa en simplificar este complejo tema para que las personas puedan comprenderlo más fácilmente e implementar estrategias prácticas que puedan ayudarles a prosperar. Un orador buscada y autor, ella presenta seminarios internacional. Una miembra de la Asociación Nacional de Oradores, Taylor está en la lista con la Oficina Internacional de Oradores Profesionales. aylor es fundadora y presidente de Realizations, Inc., una corporación sin fines de lucro 501 (c) (3) que se dedica a la investigación de la función cerebral y proporciona recursos educativos relacionados. Tiene un Máster en Epidemiología y Educación para la Salud, y dos doctorados obtenidos

Dra. Taylor cree que nada es más importante que invertir en tu cuerpo-cerebro. Ella dice que crear y mantener un Estilo de Vida de Longevidad basado en el cerebro no solo comienza en el cerebro, sino que también es la clave del éxito—ayudándole a mantenerte saludable y joven por más tiempo. Mientras que anima a los individuos a ser conscientes de su genética, el enfoque de Taylor está en la epigenética, o que impacta el bienestar y potencial de vida útil de alrededor del 70 por ciento.

www.ArleneTaylor.org

Steve Horton, M.Div., MPH, está entusiasmado con la salud y el bienestar, creyendo que un *Estilo de Vida Longevidad* no solo es posible, sino que también puede ser efectivo y agradable! Incluso la diversión. Su objetivo es proporcionar recursos educativos en un formato estimulante, fácil de entender y práctico de aplicar. Como parte de un compromiso de por vida la información y las estrategias pueden ayudar a las personas de la comunidad a ser más conscientes de los simples cambios en el estilo de vida para beneficiar su salud en general, aumentar la probabilidad de evitar enfermedades prevenibles y reducir los síntomas de enfermedades crónicas existentes

Horton tiene dos Maestrías ganadas. Es Director Ejecutivo del Pacific Health Education Center, un 501 (c) (3) que existe para promover la salud y la prevención de enfermedades (localmente y alrededor del mundo) a través de la educación y el servicio a los demás. Póngase en contacto con Horton en www.PacificHealth.org

Con motivación adecuada, educación, aplicación práctica, y el uso correcto de sus cerebros, las personas pueden sentirse mejor, verse mejor, pensar más claramente y vivir vidas más saludables por más tiempo

Recursos

- *Estilo de Vida Longevidad Importa*
- *Estilo de Vida Longevidad Importa —libro de bolsillo, libro electrónico, audiolibro*
- *LLM—Libro Acompañante de Notas*
- *LLM Programa de 12 semanas*
- *LLM—Solo los Hechos*

- *Adventures of the Longevity Mystery Club* (paperback, eBook, audiobook)
- *Adventures of Aimi* (paperback, eBook, audiobook)
- *Adventures of Stella* (paperback, eBook, audiobook)

- *Your Brain Has a Bent (Not a Dent)* 3rd Edition (paperback, eBook, Kindle, audiobook)

- *Chronicles of the Alabaster Owl* (paperback, eBook; audiobook in process)
- *Chronicles of the Littlest Dolphin* (paperback, eBook; audiobook in process)
- *Chronicles of the Jungle King* (paperback, eBook; audiobook in process)

- *Brain Benders*: brain aerobic exercises (paperback)

- *Age-Proofing Your Brain—21 Factors You Can Control,* 2nd Edition (paperback, eBook, Kindle, audiobook)

- *Age-Proofing Your Memory: Ultimate* (paperback, eBook)
- *Age-Proofing Your Memory: Scripture* (paperback, eBook)
- *Age-Proofing Your Memory: Mormon* (paperback)
- *Age-Proofing Your Memory: Catholic* (paperback)

- *Beyond the House of Silence* (paperback, eBook; audiobook in process)

Los libros de bolsillo, libros electrónicos y audiolibros están disponibles y distribuidos por Pacific Health Education Center:

www.PacificHealth.org/store/
661.633.5300

Los libros de bolsillo, Kindles, y algunos DVD están disponibles en:

www.amazon.com

—Hechos y Recursos del Autor

—El Fin—

o quizás

—El Comienzo—

Made in the USA
San Bernardino, CA
24 June 2019